Ayudar a los animales lastimados

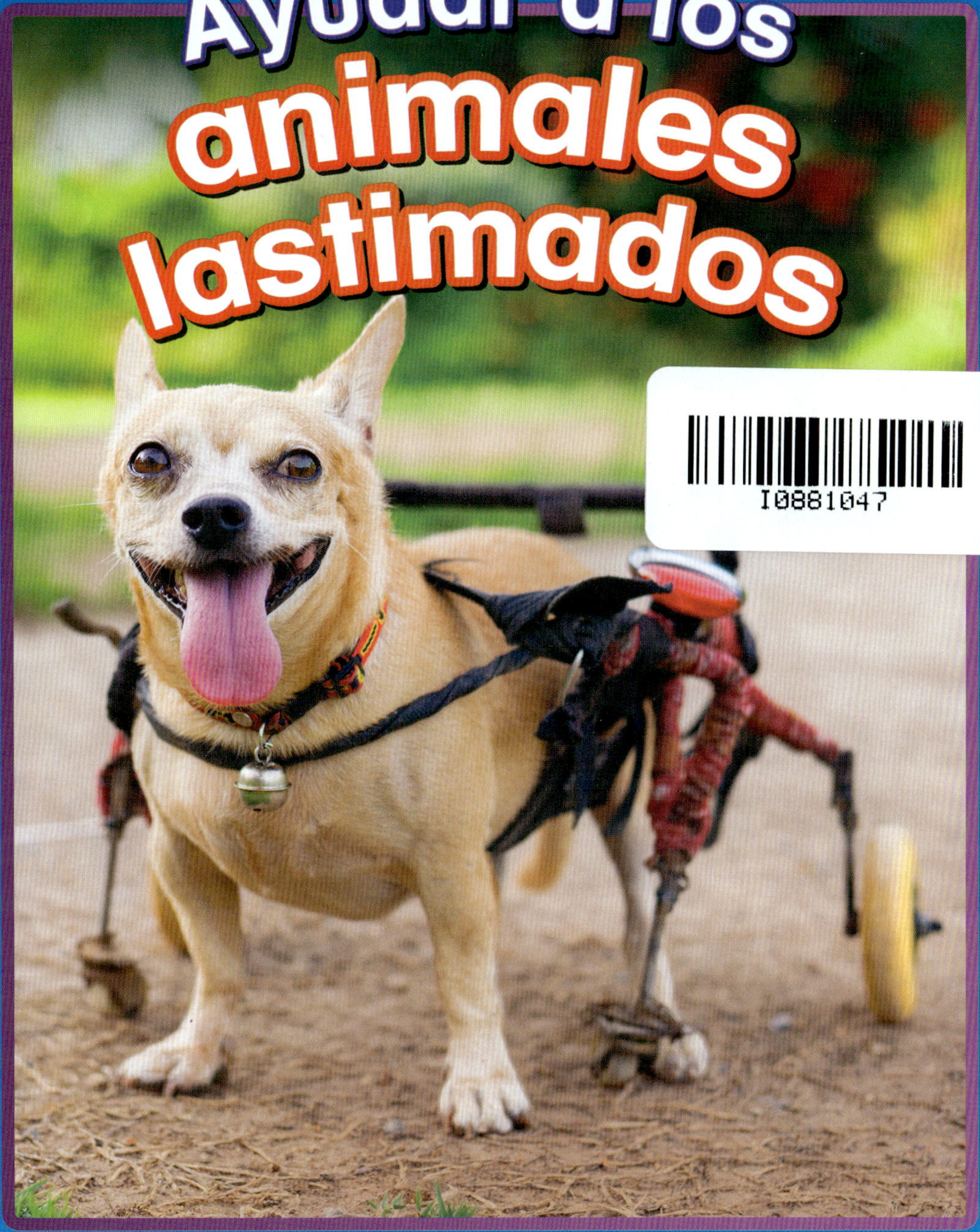

Anne Montgomery

Smithsonian

Asesoras

Jen Zoon
Especialista en comunicación
Oficina de Comunicación
Smithsonian National Zoo

Amy Zoque
Coordinadora y asesora didáctica de CTIM
Escuela Vineyard de CTIM
Distrito Escolar Ontario Montclair

Créditos de publicación

Rachelle Cracchiolo, M.S.Ed., *Editora comercial*
Conni Medina, M.A.Ed., *Redactora jefa*
Diana Kenney, M.A.Ed., NBCT, *Realizadora de la serie*
Emily R. Smith, M.A.Ed., *Directora de contenido*
Véronique Bos, *Directora creativa*
Robin Erickson, *Directora de arte*
Michelle Jovin, M.A., *Editora asociada*
Caroline Gasca, M.S.Ed., *Editora superior*
Mindy Duits, *Diseñadora de la serie*
Lee Aucoin, *Diseñadora gráfica superior*
Walter Mladina, *Investigador de fotografía*
Smithsonian Science Education Center

Créditos de imágenes: págs.2–3 USFWS Photo/Alamy; págs.4–8, pág.10 © Smithsonian; pág.11 (derecha) Shahjehan/Shutterstock; págs.12–13 cortesía de 3D Systems; págs.14–15 Shawn Rocco/MCT/Newscom; pág.16 Pascal Deloche/Godong/picture-alliance/Newscom; pág.17 Paula Bronstein/Getty Images; pág.18 ZJAN/markstevensp/Newscom; pág.19 (superior) Jim Damaske/Zuma Press/Newscom; pág.19 (inferior) Barry Bland/Barcroft Media/Getty Images; todas las demás imágenes cortesía de iStock y/o Shutterstock.

Library of Congress Cataloging-in-Publication Data

Names: Montgomery, Anne (Anne Diana), author.
Title: Ayudar a los animales lastimados / Anne Montgomery, Smithsonian Institution.
Other titles: Helping injured animals. Spanish
Description: Huntington Beach, CA : Teacher Created Materials, [2020] | Audience: Grades K-1
Identifiers: LCCN 2019038451 (print) | LCCN 2019038452 (ebook) | ISBN 9780743925877 (paperback) | ISBN 9780743926027 (ebook)
Subjects: LCSH: Veterinary surgery--Technological innovation--Juvenile literature. | Prosthesis--Juvenile literature. | Three-dimensional imaging in medicine--Juvenile literature.
Classification: LCC SF911 .M69518 2020 (print) | LCC SF911 (ebook) | DDC 636.089/7--dc23

Smithsonian

Teacher Created Materials

5301 Oceanus Drive
Huntington Beach, CA 92649-1030
www.tcmpub.com

ISBN 978-0-7439-2587-7

Printed by: 51497
Printed in: Taiwan

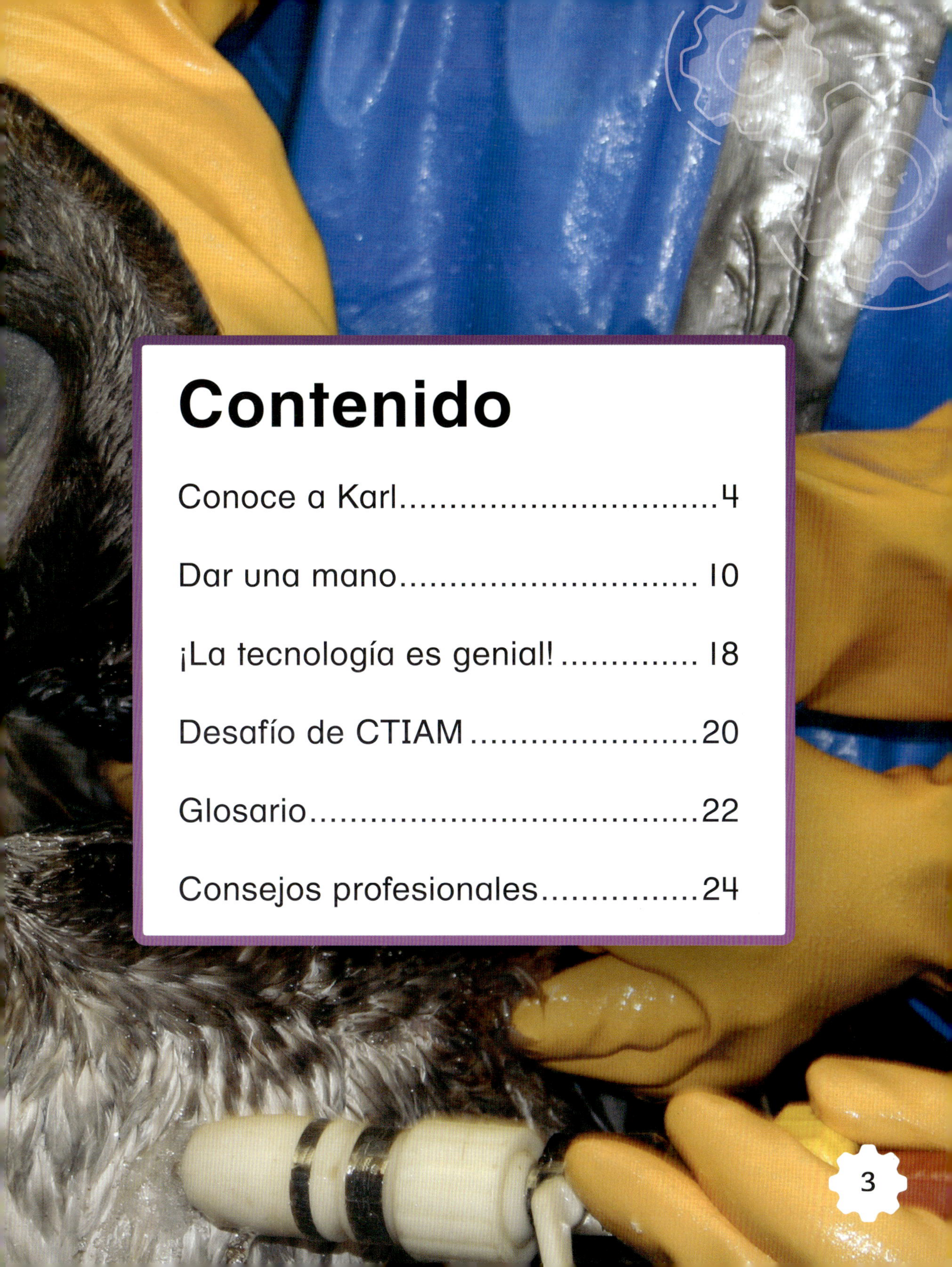

Contenido

Conoce a Karl

Karl es un cálao. Su **pico** parece un cuerno largo. Karl usa el pico para tomar la comida. Sería muy difícil para Karl comer sin su pico.

Karl, el cálao

Karl usa el pico para tomar la comida.

Por desgracia, la parte de abajo del pico de Karl se había gastado. Los científicos lo ayudaron. Usaron una **impresora 3D**. Con ella, le hicieron una parte nueva. Esa parte nueva del pico es una *prótesis*.

El pico de Karl se ha gastado.

¿Cómo se lee?
prótesis = (PRO-te-sis)

Una impresora 3D hace una prótesis para el pico de Karl.

Tecnología y matemáticas

Animal Avengers

Hay un grupo de personas llamado *Animal Avengers* (Los vengadores de los animales). Ellos ayudan a los animales. Ofrecen su tiempo y sus talentos. También recaudan dinero. Ayudan a resolver problemas y a proteger a los animales.

La parte nueva del pico de Karl le queda perfecta. Karl ya puede usar su pico como las demás aves.

La **tecnología** es fantástica. ¡Y también lo es Karl!

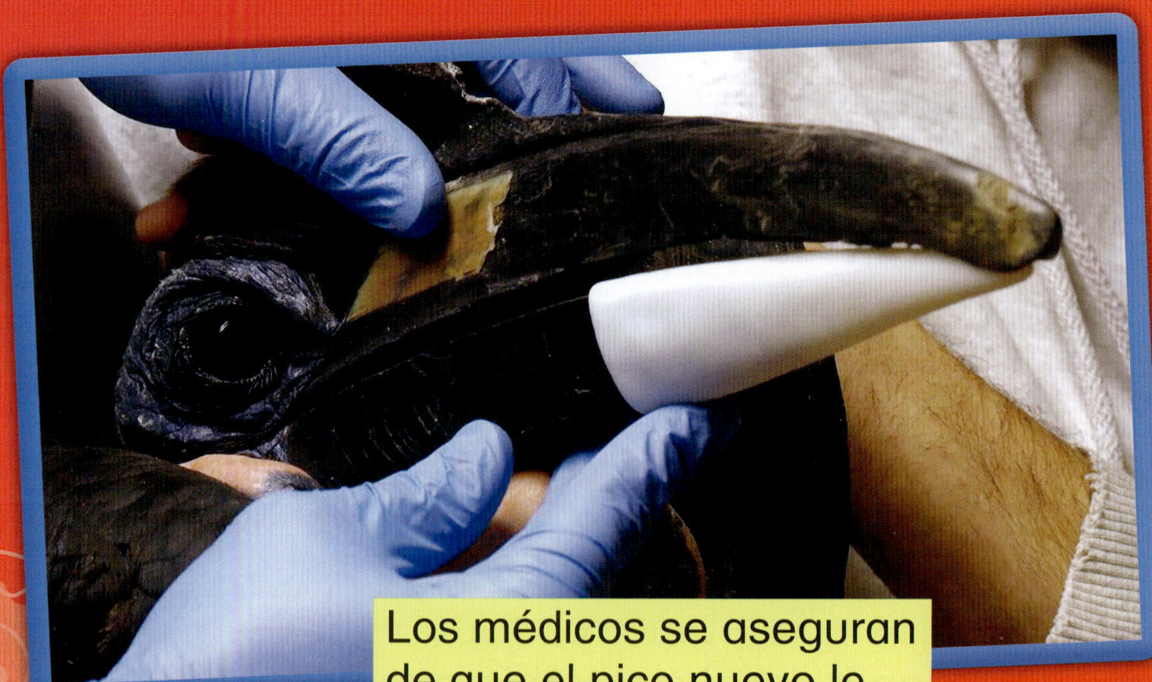

Los médicos se aseguran de que el pico nuevo le quede bien a Karl.

Ingeniería y arte

¿Quién eres?

Algunos animales usan los colores para reconocer a sus amigos y también a sus enemigos. El pico de algunos tucanes es anaranjado. Una prótesis para el pico de este tucán también debe ser anaranjada. Si no, ¡las demás aves lo **rechazarán**!

Dar una mano

Karl no es el único que recibe ayuda. Se hacen prótesis para muchos animales. Estas partes nuevas quizá no funcionen igual que las partes hechas por la naturaleza. Pero ayudan.

Karl con su prótesis en el pico

La prótesis que tiene esta corredora en la pierna está basada en la pata del guepardo.

Ciencias

Ayudar a las personas

También se hacen prótesis para las personas. Las prótesis pueden reemplazar partes del cuerpo que les faltan a las personas o partes que están lastimadas. Ayudan a las personas a moverse y a vivir de otra manera.

Derby nació con las patas de adelante mal formadas. No podía correr. Los científicos encontraron una manera de ayudarlo. Le pusieron prótesis en las patas. Ahora Derby puede correr con sus prótesis.

Derby corre con las prótesis que tiene en las patas.

Una impresora 3D fabrica las prótesis para las patas de Derby.

Cyrano estaba muy enfermo. Los médicos lo ayudaron a sentirse mejor. Pero una rodilla le quedó muy débil y dolorida, y Cyrano no podía caminar así.

Los médicos le hicieron una rodilla nueva. ¡Cyrano pudo moverse como los otros gatos!

Esta prótesis de rodilla ayudó a Cyrano a caminar de nuevo.

Cyrano, el gato con manchas

¡Algunas prótesis son enormes! Mira la elefanta Motala. Se lastimó una pata delantera mientras buscaba comida. No podía caminar. Entonces, un grupo de personas le hizo una pata nueva. ¡Motala pudo volver a caminar!

Médicos vendan la pata herida de Motala.

Motala camina con la prótesis que tiene en la pata.

¡La tecnología es genial!

Las prótesis son mejores que nunca. Eso se debe en gran parte a las impresoras 3D. Las impresoras 3D fabrican partes livianas que se mueven bien. Las partes también duran mucho. ¡La tecnología lo hace posible!

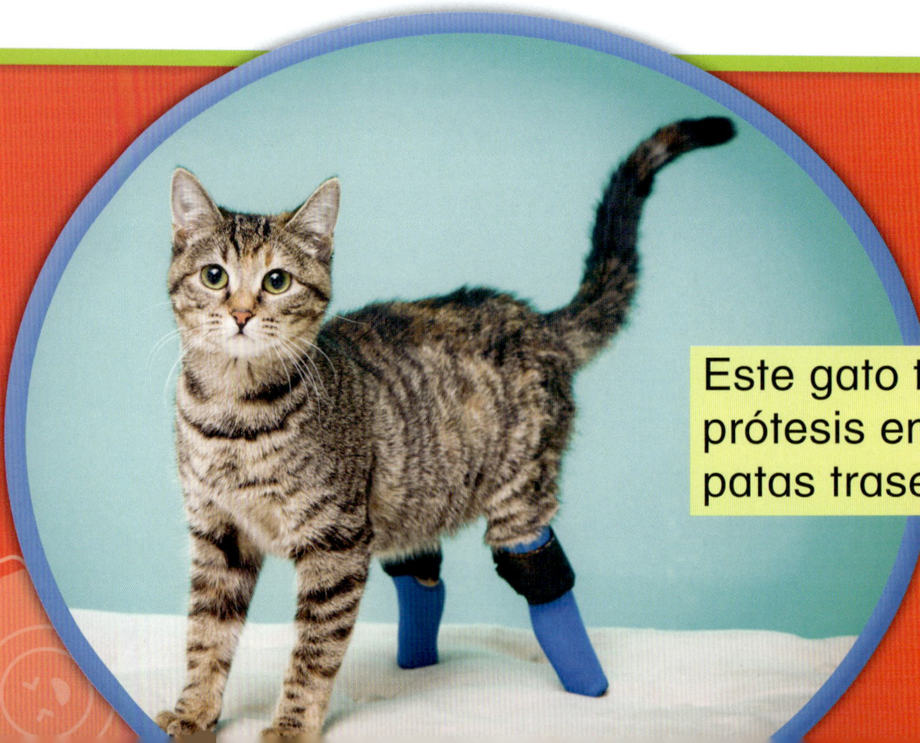

Este gato tiene prótesis en las patas traseras.

Este delfín tiene una prótesis en la cola.

Este perro tiene prótesis en dos patas.

DESAFÍO DE CTIAM

El problema

¡La perra Pecas necesita tu ayuda! Se lastimó la cola, que es lo que usa para mostrar sus sentimientos. Ya no puede mover la cola para mostrar que está contenta. Tampoco puede bajarla para mostrar que está triste. Pecas necesita que le hagas una cola para que pueda volver a mostrar lo que siente.

Los objetivos

- Haz un modelo de la cola con cualquier material que se pueda mover y doblar.
- Haz una cola liviana y blanda para que no lastime a Pecas.
- Asegúrate de que tu prótesis se pueda ajustar a Pecas.

1 Investiga y piensa ideas

¿Por qué un perro necesita comunicarse? ¿Qué otras maneras tiene un perro para "decir" lo que siente?

2 Diseña y construye

Dibuja tu plan. ¿Cómo funcionará? ¿Qué materiales usarás? ¡Construye tu modelo!

3 Prueba y mejora

Sujeta la prótesis de cola a tu cuerpo para probarla. Intenta mostrar tus sentimientos con ella. ¿Funciona? ¿Puedes mejorarla? Vuelve a intentarlo.

4 Reflexiona y comparte

¿Por qué las personas deberían ayudar a los animales poniéndoles prótesis? ¿Hay otras formas de ayudar a los animales?

Glosario

impresora 3D

pico

rechazarán

tecnología

Consejos profesionales
del Smithsonian

¿Quieres ayudar a los animales lastimados?
Estas son algunas ideas para empezar.

"Si quieres proteger a nuestro planeta y sus animales, ¡hay muchas profesiones para ti!". ***—Dra. Jilian Fazio, investigadora, Centro para la Supervivencia de Especies***

"Siempre me han gustado mucho los animales. Cuando era pequeño, vi animales en peligro. Eso hizo que quisiera asegurarme de que nada de eso volviera a pasar". ***—Chris Crowe, cuidador de animales***